⑩雨の中　ワシが飛んでる

アメリカ _____

答え：P70

⑪パパは牛乳屋
ポット漏れすぎー
パプアニューギニア _____

答え：P90

⑫安全ピンと　笛のあいさつ

アルゼンチン _____

答え：P71

⑬オラウータンが
アメ捨てるんだ
オランダ _____

答え：P33

⑭ライオンさん、
鼻炎ちゃんとなおしてね
ラオス _____

答え：P21

⑮語るよ　童話

カタール _____

答え：P23

⑯あるぜ！　リアルにあるぜ！

アルジェリア _____

答え：P54

⑰「アイスいらん」と
幽霊 キャーびっくり
アイスランド _____

答え：P45

⑱こすったヤリイカ
さあ、干せ
コスタリカ _____

答え：P80

シューッと
おぼえる

World capitals and country names picture dictionary

こくめい
に
おぼえる

世界の首都・国名えじてん

しゅと　　　　　こくめい

199カ国

監修・解説／吹浦忠正　企画／辰巳順子　作・絵／西山直美

グッドブックス

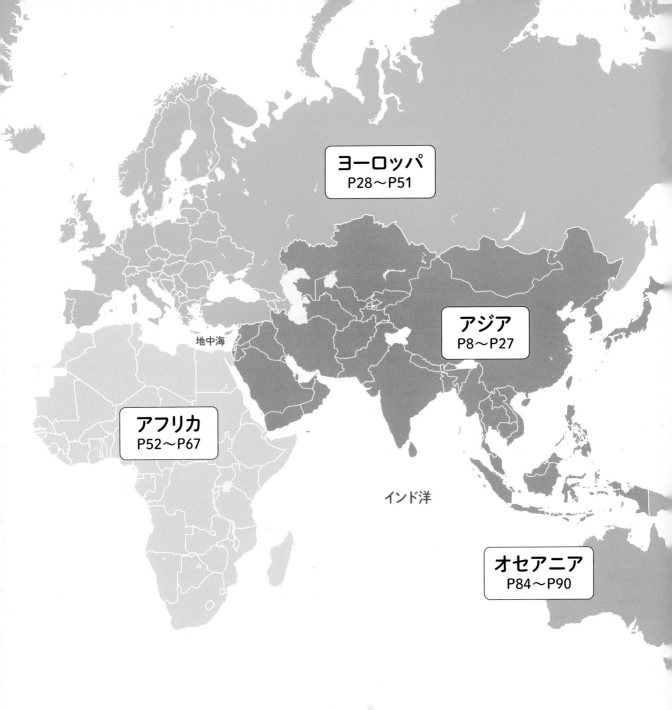

ヨーロッパ
P28〜P51

アジア
P8〜P27

地中海

アフリカ
P52〜P67

インド洋

オセアニア
P84〜P90

もくじ

北極海

太平洋

大西洋

カリブ海

南北アメリカ
P68〜P83

※地図上の白い部分は、帰属のあいまいな地域です。

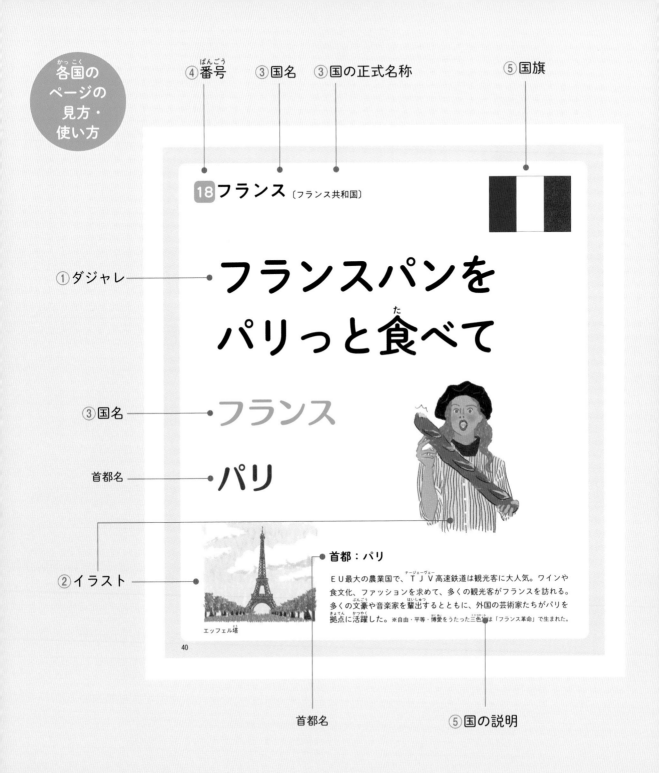

各国の
ページの
見方・
使い方

④番号　③国名　③国の正式名称　⑤国旗

18 フランス〔フランス共和国〕

①ダジャレ

フランスパンを
パリっと食べて

③国名　フランス

首都名　パリ

②イラスト

エッフェル塔

首都：パリ

EU最大の農業国で、TJV高速鉄道は観光客に大人気。ワインや食文化、ファッションを求めて、多くの観光客がフランスを訪れる。多くの文豪や音楽家を輩出するとともに、外国の芸術家たちがパリを拠点に活躍した。※自由・平等・博愛をうたった三色旗は「フランス革命」で生まれた。

首都名　⑤国の説明

① ダジャレ（言葉遊び）によって、国の名前と首都の名前を楽しくおぼえられるようにしました。ダジャレの中には、国名と首都名に近い言葉が入っています。そのあとで、国名と首都名を置いています。ダジャレから国名、首都名までをテンポよく声に出すと、早くおぼえられます。

② ダジャレに対応するイラストを入れています。特に小さなお子さんは、イラスト（絵）と言葉（音）で驚くほど早くおぼえるようです。

　イラストの中の人や建物は、できるだけその国の雰囲気をあらわすように描いています。

③ 国名は、一般に使われる通称にしています。

　国の正式名称は、〔　　　〕の中に入れています。

④ 国名の前に付いている番号は地域ごとに、出てくる順番をあらわしています。その国の位置を地図でさがしたり、さくいんからさがすのに役立ちます。

⑤ さらにその国に興味をもつように、国旗と国の説明を入れました。

＊ 1ページを使って示した国、半ページを使って示した国は、わが国と関係の深い国やニュースによく出てくる国を選んでアイウエオ順に入れました。

＊ 上記以外の国は、4分の1か6分の1ページを使ってアイウエオ順に入れました。

＊ 1ページを使って示した国には、その国の有名な建物などを入れています。

●本書で取り上げた国は199ヵ国です。2023年8月現在、国連に加盟している193ヵ国に加え、日本が承認しているバチカン、コソボ、クック諸島、ニウエ、さらに日本と深い関係にある台湾（中華民国）と、多くの国が承認している国、パレスチナも掲載しました。

●世界の国々は、アジア、ヨーロッパ、アフリカ、南北アメリカ、オセアニアの5地域に分けました。

●国名や首都名の表記は、外務省発表のものを主に採用しました。

●国旗のサイズは、国連やオリンピックで採用しているタテ・ヨコ2：3の比率を基準にしました。ただし、ネパールとバチカンのみ例外です。

●旧ソ連構成国ならびにNATO加盟国はヨーロッパに区分しました。

※各国のダジャレは、あくまでも国名と首都名をおぼえるために語呂合わせで作成したもので、特定の意図をもって称揚や侮辱しているものではありません。
The puns for each country are created for the purpose of memorizing the name of the capital city of each country；and are not intended to praise or insult any particular country.

はしがき

　ユーモアは世界中に微笑み（ほほえ）をもたらします。しかし、心に余裕（よゆう）があり、「笑い」を手放しに素晴らしいと思えないと、この喜びは伝わりません。

　私はつねづね「国旗や国歌はその国を理解する第一歩」と言ってきましたが、日本という国名は知っているが、その首都が東京だということを知らなくては、その「第一歩」に達しないのではないでしょうか。

　しかし、国連加盟国は193、日本が承認している国は196、IOC（国際オリンピック委員会）とIPC（国際パラリンピック委員会）に加盟している国や地域を合わせると208もあるとなると、国の名やその首都を暗記するのは至難（しなん）というほかありません。

　それでいながら、「お受験」で名門といわれる私立校をはじめ、公立校や学習塾でも、子供たちが気の毒になるくらい首都名を暗記させるし、入学試験にもよく出てきます。「それならば」と、ウン十年も教職にあった辰巳順子（たつみじゅんこ）先生が、ご家族を巻き込んで、楽しくおぼえられるようにダジャレ化されたのです。たまたま縁（えん）あって、ご一家と出会い、その国について興味をもつようなエピソードを国旗とともに学べるように、ということで誕生（たんじょう）したのが本書です。

　まずは、ダジャレで笑いながら首都をおぼえ、それを国際理解のスタートラインにしていただきたいのです。国連加盟国193ヵ国にいくつかの国を合わせて199カ国を紹介しました。

　出版にあたり、長年の友人でもある三遊亭金八師匠（さんゆうていきんぱちししょう）はじめ、ファースト・パシフィック・キャピタルグループ（日野洋一（ひのよういち）代表）に特段のご協力をいただいたことに謝意を表します。

　2023（令和5）年8月

吹浦忠正（ふきうらただまさ）

ASIA
アジアの国々

アスタナ

27 カザフスタン

42 モンゴル　ウランバートル

25 ウズベキスタン
タシケント

7 キルギス
ビシュケク

34 トルクメニスタン
アシガバート

ドゥシャンベ

33 タジキスタン

13 中国　ペキン(北京)

29 北朝鮮
ピョンヤン(平壌)

14 日本
東京

レバノン 44
ベイルート

31 シリア
ダマスカス

テヘラン

バグダッド

カブール

イスラマバード

12 ネパール
カトマンズ

38 ブータン
ティンプー

ソウル

6 韓国

スチナ 36
アンマン

ラ

23 イラク

24 イラン

21 アフガニスタン

ラエル
ナレム

2

43 ヨルダン

クウェート

30 クウェート

15 パキスタン

ニューデリー

ダッカ

16

19 ミャンマー
ネーピードー

ハノイ

32 台湾
タイペイ(台北)

バーレーン 35
マナーマ

28 カタール
ドーハ

アブダビ

3 インド

20 ラオス
ビエンチャン

8 サウジアラビア
リヤド

26 オマーン
マスカット

バングラデシュ

11 タイ
バンコク

18 ベトナム

17 フィリピン
マニラ

サヌア

22 イエメン

1 アラブ首長国連邦

5 カンボジア
プノンペン

39 ブルネイ

10 スリランカ
スリ・ジャヤワルダナプラ・コッテ

マレ

40 マレーシア
クアラルンプール

バンダル・スリ・ブガワン

41 モルジブ

シンガポール 9
シンガポール

4 インドネシア
ヌサンタラ

37 東ティモール
ディリ

9

1 アラブ首長国連邦 〔アラブ首長国連邦〕

首都：アブダビ

あらあらブラブラ
会うたび散歩

アラブ首長国連邦　アブダビ

アラビア半島のペルシャ湾に面した国で、7つの首長国からできている。石油の産出で潤うのはアブダビ、外国人旅行者で賑わうのがドバイ。世界一の高さ（828m、206階）をほこるビル、ブルジュ・ハリファが大人気。

2 イスラエル 〔イスラエル国〕

首都：エルサレム

椅子を得るなら
Lサイズ

イスラエル　エルサレム

古代に栄えたユダヤの王国はローマ帝国に滅ぼされ、ユダヤ人たちは世界に散らばった。それから2000年後、「シオンの地に戻ろう」という運動を展開して独立を達成。エルサレムはユダヤ教、キリスト教、イスラム教の聖地。旧市街は世界遺産。

３ インド 〔インド共和国〕

インドアスポーツ
ニューで立派

インド

ニューデリー

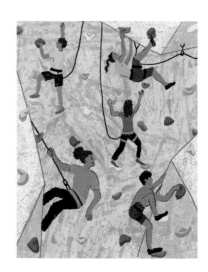

タージマハル

首都：ニューデリー

イギリスから 1948 年に独立。ヒンドゥー教、イスラム教など、さまざまな宗教が信仰されている。長らくカースト制度が人々の生活を規定してきたが、その影響は弱まりつつある。最近では、IT大国に変身し、世界最大の人口の国になったと推定されている。
※国名を「バーラト」へと変える動きが始まっている。

4 インドネシア〔インドネシア共和国〕

首都：ヌサンタラ※

インコ寝（ね）しなに
ヌー、サンタらとやって来（き）た

インドネシア　ヌサンタラ

世界でイスラム教徒がいちばん多い国。赤道にまたがる 17,500 以上（国土交通省）もの大小の島からなる。第二次大戦後、独立。石油、天然ガス、すずなど鉱物資源（こうぶつしげん）が豊富。肉料理「ルンダン」はアメリカ CNN テレビで世界一おいしい食べ物に選ばれた。

※首都はジャカルタだったが、2024 年からカリマンタン島のヌサンタラに首都を移す。

5 カンボジア〔カンボジア王国〕

首都：プノンペン

カボチャプリンのペン

カンボジア　プノンペン

※カボチャはポルトガル船でカンボジアから日本に持ち込まれた。

世界遺産のアンコールワットは 12 世紀前半に建てられた寺院で、国旗にも描かれたカンボジア人の誇（ほこ）り。プノンペンは、ペン夫人が川を流れてきた仏像を近くの丘に祀（まつ）ったことから「ペンの丘」という意味。

6 韓国 〔大韓民国〕

缶コーラ
ソウルドアウト（sold out 売切れ）

韓国

ソウル

南大門

首都：ソウル

古くは朝鮮半島を通じて日本に多くの文化や文明をもたらしたが、近代化に後れ、1910〜45年は日本の統治下にあった。日本の敗戦後、朝鮮戦争で韓国と北朝鮮に分断。めざましい経済発展を遂げているが、急激な少子化などに悩む。

※国旗は宇宙の成り立ちを示している。

7 キルギス〔キルギス共和国〕　首都：ビシュケク

キリギリス
美酒、ケーキ

<ruby>美<rt>び</rt></ruby><ruby>酒<rt>しゅ</rt></ruby>

キルギス　ビシュケク

海抜4〜6,000mのアラタウ山脈のふもとで、かつては遊牧民としてテントで暮らしていた。国旗の中央には太陽とともにテントが描かれているが、今ではほとんどの人は定住している。マナス王から8代にわたる長大な英雄物語をもつ国。

8 サウジアラビア〔サウジアラビア王国〕　首都：リヤド

さあ、牛洗う日だ
ヤドカリさん

<ruby>牛<rt>うし</rt></ruby><ruby>洗<rt>あら</rt></ruby>う<ruby>日<rt>ひ</rt></ruby>

サウジアラビア　リヤド

7世紀、預言者ムハンマドによってイスラム教が生まれた国。聖地メッカには世界中からイスラム教徒が集まる。宗教上のさまざまな戒律があり、特に女性は被り物をし、肌を見せない服装をする。世界有数の石油産出国。

※国旗には「アッラーのほかに神はなく、ムハンマドは神の預言者なり」と書かれている。

9 シンガポール 〔シンガポール共和国〕

首都：シンガポール

芯<ruby>しん</ruby>がポール

シンガポール　シンガポール

1963年、マレーシアを構成する一つの州として独立したが、2年後に分離して、単独の共和国に。マラッカ海峡<ruby>かいきょう</ruby>の出入り口に位置し、中継貿易港<ruby>ちゅうけいぼうえきこう</ruby>として発展。中国人が主体で、マレー人、イギリス人、インド系の人々などからなる。国土の面積は小さいが、アジアの最先端<ruby>さいせんたん</ruby>の経済・金融<ruby>きんゆう</ruby>の国。

---

10 スリランカ
〔スリランカ民主社会主義共和国<ruby>みんしゅしゃかいしゅぎきょうわこく</ruby>〕

首都：
スリ・ジャヤワルダナプラ・コッテ

スリなのか？
スリじゃ悪<ruby>わる</ruby>だな ほら買<ruby>か</ruby>って

スリランカ

スリ・ジャヤワルダナ プラ・コッテ

紅茶<ruby>こうちゃ</ruby>（セイロン・ティー）の世界的な産地。上座部仏教<ruby>じょうざぶ</ruby>がさかんで、国名はシンハラ語で「聖<ruby>せい</ruby>なる光輝<ruby>かがや</ruby>く島」という意味。古くから交通や文化の要衝<ruby>ようしょう</ruby>として栄えたが、仏教徒のシンハラ人とヒンドゥー教徒のタミール人とのあいだに内戦状態が続いた。

11 タイ〔タイ王国〕

首都：バンコク
（クルンテープ・マハーナコーン…）

鯛に ばんそうこう

タイ　バンコク

正式な首都名はとっても長い。短く言うと、「神がおつくりになった、豊かで楽しく平和で偉大な天使の都」という意味。国民のほとんどが上座部仏教徒で、美しい寺院が並ぶ。細長いコメ（長粒米）の生産が盛んで主要輸出国となっている。

12 ネパール〔ネパール〕

首都：カトマンズ

ねば〜る納豆
固まらず

ネパール　カトマンズ

首都カトマンズから見るヒマラヤはまさに天にも届くような高さ。ヒマラヤ登山や山岳地帯をトレッキングする人たちのベースとして、カトマンズには世界中から観光客がやって来る。シェルパと呼ばれる人が、登山家の荷物を運ぶ仕事をしている。
※国旗は世界でただ一つ、四角形ではない形をしている。

13 中国
〔中華人民共和国〕

忠告！ペンキ

ペキン

万里の長城
（秦の始皇帝が造りはじめ、今でも 6,259km が残る）

首都：北京

中国の長い歴史の中で王朝はいくつも変わった。1949 年に社会主義国としての中華人民共和国が成立。1970 年代後半には改革開放政策が始まり、いちじるしい経済発展がみられる。漢民族ほか 56 もの部族からなるが、新疆ウイグル地区やチベット地区では人権問題をかかえる。

※首都は近代になってからでも、北京、南京、武漢、重慶、南京、北京と変わった。

17

14 日本 〔日本国〕

忍法が とうとう今日から（使える）

日本

東京

浅草寺 雷門

首都：東京

首都を東京と定めた法律はないが、明治元（1868）年に明治天皇が発した「江戸ヲ稱シテ東京ト為スノ詔書」で、東京を首都としたとする説が有力。日本は「ニホン」か「ニッポン」か、読み方が決まっていないが、切手やお札には NIPPON と記載。

15 パキスタン〔パキスタン・イスラム共和国〕　首都：イスラマバード

パパがキスした
イライラママと

パキスタン　イスラマバード

インド亜大陸は長くイギリスの支配を受けていたが、1947年、イスラム教徒とヒンドゥー教徒がパキスタン、インドとして分離・独立。さらにパキスタンからバングラデシュが独立。インダス文明発祥の地だが、疫病や対立の続く不安定な地域。
※首都イスラマバードは、ギリシャの都市計画家が設計した三角形の人口都市。

16 バングラデシュ〔バングラデシュ人民共和国〕　首都：ダッカ

パングラタンのディッシュ
（料理）
だったか

バングラデシュ　ダッカ

1947年、イスラム教徒が多いことからパキスタンの一部として独立したが、西パキスタンから差別を受けて内戦状態になり、独立。ガンジス川のデルタ地帯に位置し、年に3回米がとれる稲作地帯。軽工業を中心に経済発展を遂げつつある。

17 フィリピン 〔フィリピン共和国〕　　首都：マニラ

フィーリング、ピンときた
マニア同士

フィリピン　マニラ

国名は、スペイン国王フェリペ2世に由来。1898年、アメリカがスペインとの戦争に勝ち、アメリカ領に。第二次大戦時には日本の支配下に置かれた。大小合わせて7,641の島々からなる。国旗は戦争になったら勇気をあらわす赤を上にして掲揚。

18 ベトナム 〔ベトナム社会主義共和国〕　　首都：ハノイ

ベッドで悩む
歯の痛み

ベトナム　ハノイ

1954年にフランスから独立した時に南北に分断。南北の対立が続き、外国の軍隊も介入し1975年まで戦争状態が続いた（ベトナム戦争）。1976年に統一後は経済的に発展。オートバイの利用がさかんで、日本人に「ホンダ？ スズキ？」と名前を聞いたりする。

19 ミャンマー 〔ミャンマー連邦共和国〕　首都：ネーピードー

宮参りで 寝る人

ミャンマー　ネーピードー

世界屈指の稲作地帯。アウンサン将軍らによって独立。ロヒンギャと呼ばれるイスラム系の人たちの人権問題をかかえる。2015年の総選挙でアウンサン・スーチー率いる党が圧勝したが、2022年、軍事クーデターでスーチー氏は投獄されたまま。
※かつてこの国はビルマと呼ばれたが、1989年に国名変更。

20 ラオス 〔ラオス人民民主共和国〕　首都：ビエンチャン

ライオンさん、
鼻炎 ちゃんとなおしてね

ラオス　ビエンチャン

国土の多くは山地が占める内陸国。住民の多くはメコン川沿いの盆地に住む。上座部仏教の信仰に厚く、毎朝、托鉢僧が街中を回り、人々からの寄進が行われる。旧王都ルアンパバーンはイギリスの旅行雑誌で3年連続「世界一訪ねたい町」になった。
※国旗には、メコン川上空に浮かぶ満月が描かれている。

21 アフガニスタン〔アフガニスタン・イスラム共和国〕

アブが逃げ出す
帽子をかぶ〜る

アフガニスタン
カブール

首都：カブール

2021年にタリバン政権が全土を制圧したが、これを承認した国はない。※国旗は過去50年に18回も変わった。

22 イエメン〔イエメン共和国〕

イケメンが
讃岐うどん

イエメン
サヌア

首都：サヌア

1990年に北イエメンと南イエメンが合併してできた国。

23 イラク〔イラク共和国〕

気楽な 砂漠だと

イラク
バグダッド

首都：バグダッド

アラブ人が多く、政治が複雑で安定しない。石油の産出が豊富。
※国旗には「アッラーは偉大なり」と書かれている。

24 イラン〔イラン・イスラム共和国〕

いらない
減らない

イラン
テヘラン

首都：テヘラン

ペルシャ人が多く、美しい自然と豊かな文化をもつ。
※国旗には「アッラーは偉大なり」が上下に各11回書かれている。

25 ウズベキスタン 〔ウズベキスタン共和国〕

うずく痛すぎ
助けんと

ウズベキスタン
タシケント

首都：タシケント

古代の交易路シルクロードに位置し、遺跡が残っている。サマルカンドは「青の都」として有名。

26 オマーン 〔オマーン国〕

お前のブドウは
マスカット

オマーン
マスカット

首都：マスカット

アラビア半島の東端に位置し、マスカットはインド洋貿易の中心地として発達。

27 カザフスタン 〔カザフスタン共和国〕

風吹いた
明日だな（登るのは）

カザフスタン
アスタナ

首都：アスタナ

カスピ海と中国のあいだにある世界第9位の大きな面積の国。カザフステップといわれる大平原が広がる。

28 カタール 〔カタール国〕

語るよ 童話

カタール
ドーハ

首都：ドーハ

アラビア半島の産油国。カタール人は人口の1割。2022年サッカーW杯の開催地。※正式な国旗はタテヨコ比11:28で、世界一横に長い。

29 北朝鮮 〔朝鮮民主主義人民共和国〕

来た！ 挑戦者
ピョンピョン

北朝鮮

ピョンヤン

首都：ピョンヤン（平壌）

拉致問題や核実験、ミサイル実験をくり返し、世界に不安を拡大している。※日本とは公式な外交関係がないが、国連やIOC（国際オリンピック委員会）に加盟。

30 クウェート 〔クウェート国〕

「食え」といわれる
「食え」と

クウェート

クウェート

首都：クウェート

「石油に浮かぶ国」といわれるほど、産油国として栄え、国民は豊かな生活をしている。

31 シリア 〔シリア・アラブ共和国〕

知り合いにも
だます？ 貸す？

シリア

ダマスカス

首都：ダマスカス

東西文化が交わる場所として繁栄してきたが、現在は内戦状態が続き、難民を多く出している。

32 台湾 〔中華民国〕

ワンタン
食べたい

台湾

台北

首都：台北

日本とは正式な国交はないが、実質的には密接な国。沖縄県の与那国島からわずか111キロの距離。

33 タジキスタン 〔タジキスタン共和国〕

たじたじキスした
どうすんべ？

タジキスタン
ドゥシャンベ

首都：ドゥシャンベ

かつてはソ連の構成国で、中央アジアに位置する最も標高の
高い山岳国家。旧構成国の中で最も貧しい。

34 トルクメニスタン 〔トルクメニスタン〕

コルク目にしたら
足がバード

トルクメニスタン
アシガバート

首都：アシガバート

旧ソ連の構成国。国土の9割が砂漠。1995年、国連総会で永
世中立国として認められた。※国旗は世界一複雑なデザイン。

35 バーレーン 〔バーレーン王国〕

バレエ団の
真ん中

バーレーン
マナーマ

首都：マナーマ

ペルシャ湾に浮かぶ大小33の島からなる国。原油の産出量は
比較的少ないが、最近、新たな油田が発見された。

36 パレスチナ 〔パレスチナ〕

パレット小さいな
ラマ※ら描くには

※ラマはリャマともいわれる。

パレスチナ
ラマッラ

首都：ラマッラ

国連には加入してないが、138の国連加盟国が国として承認。ただし、
日本との公式外交関係はない。ラマッラはパレスチナ自治区所在地。

37 東ティモール〔東ティモール民主共和国〕

日が沈んでも
日照り

東ティモール

ディリ

首都：ディリ

長い紛争ののち 2002 年に独立したアジアで最も若い国。

38 ブータン〔ブータン王国〕

ブタさん
シャンプー

ブータン

ティンプー

首都：ティンプー

ヒマラヤ山脈の東の端にある仏教王国。国名は「龍の地」という意味。

39 ブルネイ〔ブルネイ・ダルサラーム国〕

ブル居ねぇ
パンダも留守 リスがワン！

ブルネイ

バンダル・スリ・ブガワン

首都：バンダル・スリ・ブガワン

豊富な石油と天然ガスで、東南アジアで個人所得はトップクラス。

40 マレーシア〔マレーシア〕

まれにシャーク
現れるプール

マレーシア

クアラルンプール

首都：クアラルンプール※

マレー半島とカリマンタン島の一部からなる親日国。

※1999年に首相オフィスと首相府がプトラジャヤに移転、少しずつ首都移転が進んでいる。

41 モルジブ 〔モルジブ共和国〕

もう自分で回れ

モルジブ
マレ

首都：マレ

1,000 以上の珊瑚島と 26 の環礁からなる。日本の護岸工事で国土の流出を防いだ。マグロは日本にも輸出されている。

42 モンゴル 〔モンゴル国〕

モンキー、ゴルフ、裏でバトル

モンゴル
ウランバートル

首都：ウランバートル

草原が広がり、ゴビ砂漠がある内陸国。首都は夏暑く、冬は世界一寒い。大相撲で活躍した横綱や優勝力士が多い。

43 ヨルダン 〔ヨルダン・ハシェミット王国〕

夜だ、ん？
あんまん食べよう

ヨルダン
アンマン

首都：アンマン

イスラエルの東隣の王国。難民とその子孫が多い。多くのシリア難民を受け入れている。

44 レバノン 〔レバノン共和国〕

レバーを食べ〜ると

レバノン
ベイルート

首都：ベイルート

18 もの宗教・宗派を信じる人々が入り交じる「モザイク国家」。
※国旗には世界自然遺産のレバノン杉が描かれている。

EUROPE

ヨーロッパの国々

26 アイスランド
* レイキャビク

9 スウェーデン

19 フィンランド

16 ノルウェー
オスロ *
* ストックホルム
* ヘルシンキ

25 ロシア
* モスクワ

31 エストニア
* タリン

47 ラトビア
* リガ

13 デンマーク
* コペンハーゲン

48 リトアニア
ビリニュス *

ロシア

42 ベラルーシ
* ミンスク

ダブリン *
3 イギリス
6 オランダ
* アムステルダム

1 アイルランド
ロンドン *

15 ドイツ
* ベルリン

21 ポーランド
* ワルシャワ

2 ウクライナ
* キーウ

ブリュッセル *
20 ベルギー

50 ルクセンブルク
ルクセンブルク *

12 チェコ
* プラハ

38 スロバキア
ブラチスラバ *

パリ *

49 リヒテンシュタイン
ファドーツ *

5 オーストリア
* ウィーン

17 ハンガリー
* ブダペスト

45 モルドバ
* キシナウ

18 フランス
ベルン *
8 スイス

34 クロアチア
ザグレブ *

24 ルーマニア
* ブカレスト

39 スロベニア
リュブリャナ *

22 ボスニア・ヘルツェゴビナ
サラエボ *
ベオグラード *

11 セルビア

41 ブルガリア
* ソフィア

37 ジョージア
* トビリシ

44 モナコ
モナコ *

46 モンテネグロ
ポドゴリツァ *

32 北マケドニア
* スコピエ

29 アルメニア
* エレバン

27 アゼルバイジャン
* バクー

アンドラ・ラ・ベリャ *
30 アンドラ

4 イタリア
* ローマ
ティラナ *

28 アルバニア

14 トルコ
* アンカラ

23 ポルトガル
リスボン *
マドリード *

10 スペイン

40 バチカン
バチカン *

7 ギリシャ
アテネ *

36 サンマリノ
サンマリノ *

35 コソボ
プリシュティナ *

* バレッタ

43 マルタ

33 キプロス
* ニコシア

1 アイルランド 〔アイルランド〕

首都：ダブリン

アイドルとランチ
たぶん無理

アイルランド　ダブリン

イギリスの西側にあり、「エメラルドの島」と呼ばれる。1801年にイギリスに吸収されたが、ケルト民族の言語とカトリックの信仰を守り、1949年にイギリス連邦を離脱。伝統的に中立政策を採用し、ＮＡＴＯ※に加盟していない。アメリカのケネディ、レーガン、バイデン各大統領のルーツ（先祖がアイルランド人）。

※北大西洋条約機構

2 ウクライナ 〔ウクライナ〕

首都：キーウ（旧キエフ）

浮くらしいな
キュウリ

ウクライナ　キーウ

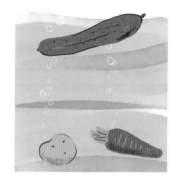

キエフ公国以降、ロシアやソ連の構成国の一つとなり、第二次大戦では独ソ両軍の激しい戦いの場となるなど苦難の歴史を歩んできた。2022年2月にはロシア軍がウクライナに侵攻、交戦状態が続いている。国旗は麦畑の上にひろがる青い空をあらわしている。

3 イギリス
〔グレートブリテン及び北アイルランド連合王国〕

一気にリスが
ドンドン走る

イギリス

ロンドン

ウェストミンスター宮殿、ビッグベン、二階建てバス

首都：ロンドン

イングランド、スコットランド、ウェールズ、北アイルランドで構成される国。かつては世界各地に植民地をもち、大英帝国といわれた。スコットランドは独立を問う住民投票で、かろうじて残留が決まった。イギリスのＥＵ※離脱で再び独立の機運が高まっているが、国の分離・独立は困難がともなう。　※ヨーロッパ連合

4 イタリア 〔イタリア共和国〕

行ったら
アロマの いい香り

イタリア

ローマ

ピザとパスタ

首都：ローマ

長いブーツの形をした国。かつてはローマ帝国やルネッサンスの舞台として栄えた。オペラがさかんで、ピサの斜塔、ローマの円形競技場、ベネチアの舟など観光で有名。各地に分裂していた国を 1861 年に統一し、イタリア王国となる。第二次大戦後には共和国となった。

5 オーストリア〔オーストリア共和国〕　　　首都：ウィーン

オスドリはウェーン

オーストリア　ウィーン

近世ヨーロッパ史の主役を演じてきた国の一つ。ドナウ川に面した「音楽の都」ウィーンの中央墓地(ツェントラルフリードホフ)にはモーツアルトを中心に、オーケストラのような半円形にお墓が並び、グルック、ヨハン・シュトラウス、ベートーベン、シューベルト、ブラームスなど著名な音楽家たちが眠る。

6 オランダ〔オランダ王国〕　　　首都：アムステルダム

オランウータンが
アメ捨てるんだ

オランダ　アムステルダム

オランダ語では「ネーデルラント」と呼ばれ、「低い土地」の意味。16世紀にスペインから独立し、通商国家として世界に拡大していった。その中心になったのはオラニエ（オレンジ）家と市民階級の人たち。鎖国中の日本では、欧米で唯一、長崎に商館を置き、交易を行った。

7 ギリシャ 〔ギリシャ共和国〕　　　　　首都：アテネ

ギリギリ当ててね

ギリシャ　アテネ

古代にはヨーロッパ文明の基礎を築いた。紀元前8世紀に始まった古代オリンピックはローマ帝国の侵略を受けた後も続いたが、393年に293回大会を最後に終わる。その後、イスラム勢力の支配下に置かれたが、1832年にオスマン帝国から独立。1896年に第1回近代オリンピックが開かれた。オリンピック発祥の地として、開閉会式では行進の先頭を歩く。

8 スイス 〔スイス連邦〕　　　　　首都：ベルン

スイスイすべるん

スイス　ベルン

アルプスの山々に囲まれた国で、「ヨーロッパの屋根」とも呼ばれている。1815年、永世中立国となった。国内に多くの国際機関本部が置かれている。時計や武器の輸出とアルプスの観光、バチカンへの傭兵で知られている。赤十字の旗は、創立者アンリ・デュナンの祖国であり、創立に協力したスイス政府に敬意を表して、スイス国旗の色を逆にして作られた。

9 スウェーデン〔スウェーデン王国〕　　首都：ストックホルム

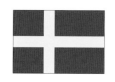

すげぇ伝説
ストライクボール

スウェーデン　ストックホルム

ロシアのウクライナ侵攻をきっかけに、長年続けてきた中立主義を放棄し、2023 年、ＮＡＴＯへの加盟が認められた。ノーベル賞授与式（平和賞を除く 5 部門）をノーベルの命日 12 月 10 日にストックホルムで開催。

---

10 スペイン〔スペイン王国〕　　首都：マドリード

酸っぱい
マーマレード

スペイン　マドリード

大航海時代には「太陽の沈まない国」と呼ばれ、中南米の多くの国々を植民地とした。ピカソやダリなどの美術家を多く輩出。100 年以上かけて建築中の巨大教会サグラダ・ファミリアやムスリム統治時代の城塞アルハンブラ宮殿、イスラム教とキリスト教の文化が融和する都市コルドバなど、多様な文化が混在する。フラメンコや闘牛なども有名。

11 セルビア 〔セルビア共和国〕

首都：ベオグラード

サルビアに蜂
ベロベロぐらっと

セルビア　ベオグラード

国旗の紋章の「双頭の鷲」は、この国が東洋と西洋の中間であるバルカン半島に位置しており、両方に目配りするという意味で、古くは東ローマ帝国時代にさかのぼることができる。

12 チェコ 〔チェコ共和国〕

首都：プラハ

チョコ食べて
プラプラはしゃぐ

チェコ　プラハ

スメタナやドボルザークなどの大作曲家を生んだ国。第一次大戦後、チェコスロバキアとして独立。第二次大戦後はソ連の影響下にあったが、ソ連崩壊後の1993年にスロバキアと分離。1995年にOECD（経済協力開発機構）、1999年にNATO、2004年にEUに加盟した。

13 デンマーク 〔デンマーク王国〕

首都：コペンハーゲン

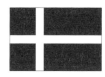

電気真っ暗
この辺のバーゲン

デンマーク　コペンハーゲン

童話作家アンデルセンの母国。ユトランド半島とシェラン島、さらに北極圏にある世界最大の島グリーンランドなどからなる。国土が大陸部分にもありながら、首都が大陸にではなく島にあるのは赤道ギニアとこの国だけ。コペンハーゲンにあるチボリ公園や、人魚姫の像も観光客に大人気。

14 トルコ 〔トルコ共和国〕

首都：アンカラ

取りこぼした
甘辛団子

トルコ　アンカラ

15世紀、オスマン帝国は、アジア・アフリカ・ヨーロッパにまたがる広大な領土をもっていた。第一次大戦で帝国は崩壊し、トルコ共和国が誕生。国内最大の都市イスタンブールはヨーロッパ側にある。ヨーロッパとアジアの2大陸にまたがっている国。※本書ではトルコはヨーロッパに区分しています。

15 ドイツ〔ドイツ連邦共和国〕

どいつもこいつも ベルリンリン

ドイツ

ベルリン

ブランデンブルク門

首都：ベルリン

ヨーロッパの経済的、政治的なリーダー。バッハ、ベートーベン、ブラームスなどの大作曲家、カント、ヘーゲルなどの哲学者、ゲーテ、ハイネ、グリム兄弟などの作家や詩人で知られる。第二次大戦で敗れて東西２つのドイツになり、1990 年に再統一した。

16 ノルウェー〔ノルウェー王国〕

首都：オスロ

乗（の）るなら押（お）すよ
ノルウェー　オスロ

山岳（さんがくひょうが）氷河が多く占め、平野に乏（とぼ）しい。氷河に削（けず）られた湾（わん）、フィヨルドが多数見られる。どの国とも同盟を結ばなかったことから第二次大戦でドイツに侵攻（しんこう）されたため、戦後は、国連やＮＡＴＯの原加盟国（げんかめいこく）となった。「近代演劇（えんげき）の父」イプセンと、史上初めて南北両極点に到達（とうたつ）したアムンセンの母国。

17 ハンガリー〔ハンガリー〕

首都：ブダペスト

ハンガーに豚柄（ぶたがら）ベスト
ハンガリー　ブダペスト

この国は、ヨーロッパにあるが、アジア系遊牧民のマジャール人が建てた国。首都ブダペストは「東欧（とうおう）のパリ」と称（しょう）され、美しい街並みをほこる。ドナウ川を挟（はさ）んでブダ地区とペスト地区に分かれる。また、ロンドン、イスタンブールに次ぎ、1896年に世界で3番目に地下鉄を完成させたことが自慢（じまん）。

フランス 〔フランス共和国〕

フランスパンを
パリっと食べて

フランス

パリ

エッフェル塔

首都：パリ

EU最大の農業国で、TJV高速鉄道は観光客に大人気。ワインや食文化、ファッションを求めて、多くの観光客がフランスを訪れる。多くの文豪や音楽家を輩出するとともに、外国の芸術家たちがパリを拠点に活躍した。※自由・平等・博愛をうたった三色旗は「フランス革命」で生まれた。

19 フィンランド〔フィンランド共和国〕　　　首都：ヘルシンキ

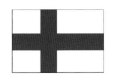

フィアンセ ランラン
ヘルシー気分

フィンランド　ヘルシンキ

ムーミンの国として知られ、サンタクロースの故郷があるともいわれている。湖沼（こしょう）が多く、自国ではスオミ（湖と沼の国）と呼んでいる。第二次大戦ではドイツ側の一員として戦ったため、ＮＡＴＯやＥＵにも加盟（かめい）できなかったが、ソ連崩壊後（ほうかい）にＥＵ加盟。ロシアのウクライナ侵攻（しんこう）後、2023年、ＮＡＴＯに加盟。※国旗の青は湖沼と空を、白は雪をあらわす。

20 ベルギー〔ベルギー王国〕　　　首都：ブリュッセル

ベルにリュックを載（の）せる

ベルギー　ブリュッセル

1831年、永世（えいせい）中立国として独立したが、第一次大戦でドイツに侵攻（しんこう）され、中立政策を放棄（ほうき）。第二次大戦で再びドイツの侵略（しんりゃく）を受け、戦後は、他の欧米諸国とともにＮＡＴＯを結成、本部をブリュッセルに置いた。ＥＵの本部もブリュッセルにある。第二の都市アントワープは、ダイヤモンドの貿易や「フランダースの犬」の舞台として有名。

21 ポーランド 〔ポーランド共和国〕

首都：ワルシャワ

ポラロイドで
ワールド写真(しゃしん)

ポーランド　ワルシャワ

国土の大部分が平原で農業がさかん。10世紀に建国、16世紀に繁栄(はんえい)したが、18世紀末、隣接(りんせつ)する3国に分割されて滅亡(めつぼう)。第一次大戦後に独立したが、第二次大戦でドイツとソ連から侵略(しんりゃく)され、ソ連の勢力下に。ソ連崩壊(ほうかい)後、ＮＡＴＯとＥＵの一員となった。

22 ボスニア・ヘルツェゴビナ

〔ボスニア・ヘルツェゴビナ〕

首都：サラエボ

ボスにはヘルシーコーヒー
サラダボール

ボスニア・ヘルツェゴビナ
サラエボ

20世紀末にボシュニャク人（イスラム教徒）、クロアチア人（カトリック教徒）、セルビア人（セルビア正教徒）の間で紛争(ふんそう)となり、ユーゴスラビアが解体。虐殺(ぎゃくさつ)・暴行(ぼうこう)・追放(ついほう)が繰り広げられ、1995年に国連の調停(ちょうてい)で紛争は終結した。

23 ポルトガル〔ポルトガル共和国〕

首都：リスボン

ポケットから
リスボンボン

ポルトガル　リスボン

ユーラシア大陸で最も西に位置するが、ヨーロッパで最初に中国や日本など東アジアと接触した。日本には種子島にポルトガルの商人が漂着し、鉄砲を伝えた。その後フランシスコ・ザビエルなど多くの宣教師も来日し、貿易とキリスト教の普及に努めた。パン、カルタ、ボタンはポルトガル語。

24 ルーマニア〔ルーマニア〕

首都：ブカレスト

ルーのマニアが
浮かれすぎ

ルーマニア　ブカレスト

国名は「ローマ人の国」という意味。古代ローマの植民地だったが、人々は長い間、独立を夢見て、1877年に独立。第二次大戦後はソ連の圧力により共産化。その後、ソ連と距離をおいて独裁者になったチャウシェスク大統領は倒され、今では、NATOやEU加盟国。

ロシア〔ロシア連邦〕

ろうしよう（どうしよう）
もう空くわ

ロシア

モスクワ

首都：モスクワ

ヨーロッパとアジアをまたぐ世界最大の面積と豊富な鉱物資源を保有し、軍事力を背景に大きな影響力をもつ。ドストエフスキーやトルストイなどの文学、チャイコフスキーの音楽など、芸術や文化の面でも「超大国」。日本とは北方領土の問題をかかえている。2022年、ウクライナに侵攻した。

マトリョーシカ

26 アイスランド 〔アイスランド〕

「アイスいらん」と
幽霊（ゆうれい）キャー びっくり

アイスランド
レイキャビク

首都：レイキャビク

北大西洋上に位置する島国で、氷河・火山・温泉で有名。いまだ軍隊を持ったことがないが、ＮＡＴＯの加盟国。

27 アゼルバイジャン 〔アゼルバイジャン共和国〕

焦（あせ）る場合じゃん、
バック！ バックー！！

アゼルバイジャン
バクー

首都：バクー

世界最大の湖カスピ海に面する。石油の一大産地。炎（ほのお）の形の「フレイムタワー」は観光名所。

28 アルバニア 〔アルバニア共和国〕

あるよ バニラ、
ティラミスも

アルバニア
ティラナ

首都：ティラナ

狭（せま）い国土だが、４つの国と国境を接し、アドリア海の向こうにはイタリアがある。※国旗に描かれているのは「双頭の鷲（そうとう わし）」

29 アルメニア 〔アルメニア共和国〕

歩（ある）く目（め）に合（あ）う
エレベーター

アルメニア
エレバン

首都：エレバン

４世紀初頭、キリスト教を最初に国教にした国で、山岳地帯（さんがく ち たい）にある。

30 アンドラ〔アンドラ公国〕

餡どら焼き
餡どら食べりゃ

アンドラ

アンドラ・ラ・ベリャ

首都：アンドラ・ラ・ベリャ

スペインとフランスに挟まれた極小国で、両国の共同統治が続いたため、国旗のデザインも両国から取り入れている。

31 エストニア〔エストニア共和国〕

エースが足りん

エストニア

タリン

首都：タリン

バルト三国のいちばん北にあり、国土の大半は湖沼や湿地。10万人規模の合唱祭が開かれることで知られる。

32 北マケドニア〔北マケドニア共和国〕

来た! マーケットには
すごいピエロ

北マケドニア

スコピエ

首都：スコピエ

ギリシャの猛反対※で国名に「北」をつけて折り合いを付けたと言われる。マザーテレサの母国。　※古代マケドニア王国は古代ギリシャが建国

33 キプロス〔キプロス共和国〕

切符に こし餡

キプロス

ニコシア

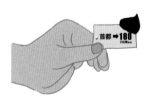

首都：ニコシア

ギリシャ系とトルコ系の国民の対立が続く地中海の島国。

34 クロアチア 〔クロアチア共和国〕

クロ、あっちだ！
ザグザグ掘れば

クロアチア
ザグレブ

首都：ザグレブ

アドリア海沿岸の美しい景観はヨーロッパ有数のリゾート地。
旧市街地は 16 世紀に海賊が築いたといわれている。

35 コソボ 〔コソボ共和国〕

コソコソプリン
捨てないで

コソボ
プリシュティナ

首都：プリシュティナ

2008 年にセルビアからの独立を宣言したが、ロシアや中国から
認められず、国連に加盟できていない。※国旗の黄色部分は国土の形。

36 サンマリノ 〔サンマリノ共和国〕

サンマ　海苔巻き
サンマ　海苔巻き

サンマリノ
サンマリノ

首都：サンマリノ

イタリアの中にあるミニ国家。世界最古の共和制の国。4 世紀、
石工がローマ皇帝によるキリスト教徒迫害を逃れて作った国。

37 ジョージア 〔ジョージア〕

蒸気は飛び散り

ジョージア
トビリシ

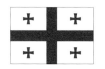

首都：トビリシ

黒海とカスピ海のあいだのカフカス山脈にある小国。旧ソ連
の構成国だったが、ソ連崩壊にともない独立。ワイン発祥の地。

38 スロバキア〔スロバキア共和国〕

ストローをバキバキ スロバキア
ブローチにすれば ブラチスラバ

スロバキア
ブラチスラバ

首都：ブラチスラバ

1993年まではチェコスロバキアという名の国だったが、チェコと円満に分離した。

39 スロベニア〔スロベニア共和国〕

ストロベリーの
リュックやなぁ

スロベニア
リュブリャナ

首都：リュブリャナ

旧ユーゴスラビアの構成国の中では工業化が進む。山や湖、リゾート地で有名。カルスト地形の名称はこの国の地方名から。

40 バチカン〔バチカン〕

いちかバチか

バチカン
バチカン

首都：バチカン（都市国家）

カトリック教会の中心地で、イタリアの首都ローマ市内にある世界最小の国。

41 ブルガリア〔ブルガリア共和国〕

ブルーがいいな
ソファー

ブルガリア
ソフィア

首都：ソフィア

かつて栄えたギリシャやオスマン帝国、ペルシャなどの文化が融合した国。伝統的食品としてヨーグルトが有名。

42 ベラルーシ〔ベラルーシ共和国〕

ベラベラしゃべる
市民 すくすく育つ

ベラルーシ

ミンスク

首都：ミンスク

国名は「白ロシア」の意味をもつ。ウクライナに侵攻したロシアとは同盟関係にある。※国旗に、伝統的な織物の模様を取り入れている。

43 マルタ〔マルタ共和国〕

丸太小屋にいるのが
ばれた

マルタ

バレッタ

首都：バレッタ

地中海に浮かぶ小さな島国で、古くから地中海貿易の中継地として繁栄。 ※国旗の左上にはイギリスの王から贈られた勲章を取り入れている。

44 モナコ〔モナコ公国〕

モナカがたくさん

モナコ

モナコ

首都：モナコ

バチカンに次ぐ世界で2番目に小さい国。高級リゾート地として名高い。

45 モルドバ〔モルドバ共和国〕

モルモットは
岸ナウ

モルドバ

キシナウ

首都：キシナウ

ウクライナの西南に接し、ウクライナ戦争からの避難民が大勢やって来た。豊かな土壌に恵まれ、特にワインの生産で有名。

46 モンテネグロ〔モンテネグロ〕

門ってね、黒！
ほんとご立派

モンテネグロ
ポドゴリツァ

首都：ポドゴリツァ

18世紀の終わりまで地中海の超大国ヴェネツィア共和国の傘下にあった。国名はイタリア語で「黒い山」の意味。

47 ラトビア〔ラトビア共和国〕

ライトでトビラ
ありがとう

ラトビア
リガ

首都：リガ

「バルト海の真珠」と讃えられる美しい港町をもつ。首都のリガは、バルト三国の最大の都市。

48 リトアニア〔リトアニア共和国〕

リスとアリは
ビリです

リトアニア
ビリニュス

首都：ビリニュス

この国の領事館に赴任していた杉原千畝がユダヤ人にビザを発行し続けたことで有名。

49 リヒテンシュタイン〔リヒテンシュタイン公国〕

リビングでしたいの
さあ、ダーツ

リヒテンシュタイン
ファドーツ

首都：ファドーツ

隣接する国がすべて内陸国である二重内陸国。

ルクセンブルク 〔ルクセンブルク大公国〕

ルック
全部ルック

ルクセンブルク
ルクセンブルク

首都：ルクセンブルク

フランス、ドイツ、ベルギーに囲まれた小国。首都は崖の上に立つ古い要塞の町として有名。

ちょこっと
コラム

EU 🇪🇺
に入っている国は？

ヨーロッパ連合
（European Union＝EU）

EU加盟国　27ヵ国（2023年9月現在）
EUに入っている国々のほとんどが通貨としてユーロを使い、自由に行き来ができて、いろいろな面で協力しているよ。
（イギリスは2020年1月にEUを離脱。）

AFRICA

アフリカの国々

アルジェ
チュニス
ラバト
39 チュニジア
12 モロッコ
トリポリ
カイロ
1 アルジェリア
52 リビア
2 エジプト
51 モーリタニア
ヌアクショット
49 マリ
42 ニジェール
ハルツーム
16 エリトリア
カーボベルデ
34 セネガル
37 チャド
31 スーダン
アスマラ
プライア
ダカール
ブルキナファソ
20 ガンビア
バンジュール
バマコ
43
ニアメ
ンジャメナ
29 ジブチ
ギニアビサウ 22
ビサウ
21 ギニア
ワガドゥグ
45 ベナン
ジブチ
コナクリ
コートジボワール
アブジャ
アディスアベバ
フリータウン
23
40 トーゴ
8 ナイジェリア
38 中央アフリカ
10 南スーダン
4 エチオピア
シエラレオネ 28
モンロビア
5 ガーナ
ヤムスクロ
ポルトノボ
19 カメルーン
バンギ
ジュバ
53 リベリア
ロメ
アクラ
35 ソマリア
赤道ギニア 33
マラボ
ヤウンデ
15 ウガンダ
モガディシュ
サントメ
カンパラ
6 ケニア
サントメ・プリンシペ 27
リーブルビル
25 コンゴ共和国
キガリ
ナイロビ
13 ルワンダ
18 ガボン
44 ブルンジ
ブラザビル
26 コンゴ民主共和国
ブジュンブラ
32 セーシェル
キンシャサ
36 タンザニア
ヴィクトリア
カビンダ
（アンゴラ）
ドドマ
ルアンダ
24 コモロ
モロニ
14 アンゴラ
7 ザンビア
リロングウェ
ルサカ
48 マラウイ
ハラレ
モーリシャス 50
30 ジンバブエ
アンタナナリボ
ポートルイス
41 ナミビア
46 ボツワナ
47 マダガスカル
ウィントフック
11 モザンビーク
ハボローネ
プレトリア
マプト
ムババーネ
3 エスワティニ
マセル
54 レソト
9 南アフリカ

1 アルジェリア
〔アルジェリア民主人民共和国〕

首都：アルジェ

あるぜ！
リアルにあるぜ！！

アルジェリア　アルジェ

地中海に面する北アフリカのイスラム教国。アフリカ最大の面積をもち、その8割が砂漠地帯。首都アルジェには植民地時代の建物が並び、「北アフリカのパリ」といわれる。※国旗の三日月と星はイスラム教のシンボル

2 エジプト 〔エジプト・アラブ共和国〕

首都：カイロ※

家路に 帰ろう

エジプト　カイロ

古代文明発祥の地。ピラミッドやスフィンクスといった観光資源と、スエズ運河で知られている。水面の面積が琵琶湖の約9倍というアスワン・ハイ・ダムは世界第6位の貯水量（琵琶湖の約6倍）。これがナイル川周辺の大地を豊かにし、人々の生活を支えている。※カイロ郊外に首都機能をもつ近代的な都市づくりが進行中。

3 エスワティニ〔エスワティニ王国〕　　首都：ムババーネ

エースは手に
６つのバネ

エスワティニ　ムババーネ

世界でただ一つの絶対王政国家。2018年、独立50周年式典で、国王が国名の変更を宣言。高い失業率やエイズなどの問題をかかえながら、国王のぜいたくが目立ち、民主化を求める声が上がっている。国全体が高原の国。

4 エチオピア〔エチオピア連邦民主共和国〕　　首都：アディスアベバ

えっちらおっちら
足疲れたべぇ

エチオピア　アディスアベバ

アフリカで最も古い独立国で、国際的な機構の多くはエチオピアに置かれている。日本人には「裸足の走者」アベベ・キララ選手※の母国としてなじみが深い。国旗には、「アフリカ統一」の理想の３色と「ソロモンの星」が描かれている。
※ 1960年のローマ、64年の東京オリンピックのマラソン競技で金メダルを獲得。ローマ大会では裸足で完走し、優勝した。

5 ガーナ〔ガーナ共和国〕

首都：アクラ

かなり真っ暗
ああ暗い

ガーナ　アクラ

植民地からの独立の動きは 1950 年代にアフリカで盛り上がり、この地域はクワメ・エンクルマ初代大統領を指導者としていち早く独立を達成し、周辺地域に全アフリカの統一を働きかけた。アクラは、黄熱病の研究で有名な野口英世がみずからも感染して亡くなった地。

6 ケニア〔ケニア共和国〕

首都：ナイロビ

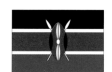

気にはしない ロビー

ケニア　ナイロビ

赤道直下の高原の国。42 部族からなる総人口約 5,300 万人のうち、マサイ族は 25 万人程度だが、勇猛な遊牧民として有名。マサイ族の視力は 3.0 ～ 8.0 といわれる。国旗にはマサイ族の槍と盾が描かれている。大自然の保護にも熱心で、サファリツアーなど観光収入は国の重要な財源。コーヒーや紅茶の輸出がさかん。

7 ザンビア〔ザンビア共和国〕

首都：ルサカ

賛美歌（さんびか）ある坂（さか）

ザンビア　ルサカ

イギリス領（りょう）北ローデシアだったが、1964年10月24日、東京オリンピック閉会式の日に独立。国旗のワシは、独立以前は魚をつかんでいたが、独立後は魚を解放（かいほう）した姿。独立により国民が自由を獲得（かくとく）した象徴（しょうちょう）とされている。銅の世界的な産地だが、それに頼（たよ）りすぎて苦戦（くせん）している。

8 ナイジェリア〔ナイジェリア連邦（れんぽう）共和国〕

首都：アブジャ

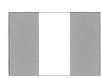

ないじゃん
危（あぶ）ないじゃん

ナイジェリア　アブジャ

民族は250以上、言語は500以上あるといわれる。アフリカ最大の産油国。人口はアフリカ最大で「アフリカの巨人（きょじん）」といわれるが、部族間の争いが絶えず、近年、北部からイスラム教徒らによるボコ・ハラム（スンニ派ムスリム集団）が南下し、誘拐（ゆうかい）事件や武力衝突（しょうとつ）で治安は悪い。

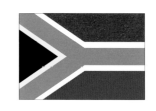

みんな、あふれる プレート取りや

南アフリカ

プレトリア

カラフルタウン「ボカープ」（ケープタウン）

首都：プレトリア

アフリカ大陸最南端の国。オランダの次にイギリスの支配を受けた。白人政権によるアパルトヘイト（人種隔離政策）が続いたが、ネルソン・マンデラ（のちの大統領、ノーベル平和賞受賞者）らの運動が実を結び、1994 年、全人種の平等を謳った憲法を採択。アフリカで産業や経済が最も発達した国。

10 南スーダン〔南スーダン共和国〕

首都：ジュバ

南へ巣立った
10羽の小鳥

南スーダン　ジュバ

2011年にスーダンからキリスト教徒が分離・独立して建国したが、内戦が続き、日本も自衛隊が国連平和維持軍として派遣されていた。危険性が高いことから、2017年5月に完全に撤退した。

11 モザンビーク〔モザンビーク共和国〕

首都：マプト

モザイクびっくり
まっぷたつ

モザンビーク　マプト

ヴァスコ・ダ・ガマが到達して以来、ポルトガル領となった。この国のサルバル諸島の珊瑚礁にはジュゴンなどの稀少海洋生物が生息する。初の外国人侍として織田信長に仕えた黒人「弥助」はこの国の奴隷階級の出と言われる。

12 モロッコ 〔モロッコ王国〕

首都：ラバト

もろこし採りに
ラバと行く

モロッコ　ラバト

ジブラルタル海峡をはさんでスペインと向き合う国。ヨーロッパ、アフリカ、中近東の文化が入り交じった国。迷路のように入り組んだ都市が多いのも特徴で、旧市街地には歴史的建造物が建ち並ぶ。

13 ルワンダ 〔ルワンダ共和国〕

首都：キガリ

ルアー※だ、気がかり

ルワンダ　キガリ

※ルアーは「にせものの餌」のこと。

1994年、フツ族とツチ族との血で血を洗う虐殺が行われ、人口約730万人中100万人のフツ族が死亡、200万人を超えるフツ族が近隣の国に流出した。その後、奇跡的な発展が図られ、IT立国を目指して経済成長を遂げている。

14 アンゴラ〔アンゴラ共和国〕

あんこが
あるんだ

アンゴラ　ルアンダ

首都：ルアンダ
内戦が長期化し、国土の3分の1に対人地雷が埋まって、撤去が今も続いている。

15 ウガンダ〔ウガンダ共和国〕

受かった！
カンパイ

ウガンダ　カンパラ

首都：カンパラ
ヴィクトリア湖の北岸に面し、マウンテンゴリラやカバなど野生動物が生息する自然豊かな国。

16 エリトリア〔エリトリア国〕

エリート　リアルに
明日マラカス

エリトリア　アスマラ

首都：アスマラ
イタリアの総統ムッソリーニが「第2のローマ」にと、奇抜なアール・デコ建築を行った。

17 カーボベルデ〔カーボベルデ共和国〕

赤ん坊　ベルで遊ぶの
危ないや

カーボベルデ　プライア

首都：プライア
アフリカ大陸の最西端の沖に浮かぶ15の島からなる。大西洋航路の補給基地。

18 ガボン〔ガボン共和国〕

画板
リーズナブル※

ガボン　リーブルビル
※値段があまり高くないこと。

首都：リーブルビル
鉱物資源が豊富。オゴウェ川沿岸のランバレネではシュバイツァー博士が半世紀にわたり医療活動を行った。

19 カメルーン〔カメルーン共和国〕

カメ ルンルン
雨やんでるで

カメルーン　ヤウンデ

首都：ヤウンデ
熱帯雨林が広がる。世界遺産のジャー動物保護区にはさまざまな動物が生息している。

20 ガンビア〔ガンビア共和国〕

頑張れ
バンジージャンプ

ガンビア　バンジュール

首都：バンジュール
ガンビア川の両岸に沿った細長い国。
※国旗の青はガンビア川をあらわす。

21 ギニア〔ギニア共和国〕

君には　粉薬

ギニア　コナクリ

首都：コナクリ
国名は「黒人たちの土地」を意味する。
旧フランス領。

22 ギニアビサウ〔ギニアビサウ共和国〕

君に会うの久々

ギニアビサウ　ビサウ

首都：ビサウ
国名は「ビサウ地方の黒人たちの土地」を意味する。旧ポルトガル領。

23 コートジボワール〔コートジボワール共和国〕

コートしぼってる
病むフクロウ

コートジボワール
ヤムスクロ

首都：ヤムスクロ
かつては象牙が取引されたことから、フランス語の「象牙海岸」という意味の国名になった。

24 コモロ〔コモロ連合〕

子どもに
モロコシ

コモロ　モロニ

首都：モロニ
インド洋に浮かぶ3島からなる連邦国家。「生きた化石」シーラカンスが捕獲されて有名に。

25 コンゴ共和国〔コンゴ共和国〕

昆布
ぶら下げる

コンゴ共和国
ブラザビル

首都：ブラザビル
コンゴ川を挟んで首都がコンゴ民主共和国の首都と向き合っている旧フランス領の国。

26 コンゴ民主共和国〔コンゴ民主 共和国〕

今後はみんな 禁止さ

コンゴ民主共和国
キンシャサ

首都：キンシャサ
旧ベルギー領。アフリカ第二の面積の国。熱帯雨林が広がっている地。

27 サントメ・プリンシペ〔サントメ・プリンシペ民主共和国〕

三度目 プリン失敗 三度目！

サントメ・プリンシペ
サントメ

首都：サントメ
ギニア湾に浮かぶ火山島であるサントメ島とプリンシペ島とその周辺の島々からなる国。

28 シエラレオネ〔シエラレオネ共和国〕

将来 オレは フリーター

シエラレオネ
フリータウン

首都：フリータウン
イギリスからの解放奴隷によって築かれ「ライオンの山並み」を意味する国名。

29 ジブチ〔ジブチ共和国〕

自分ちが一番 ジブチは自分ち

ジブチ　ジブチ

首都：ジブチ
アデン湾に面した小国。海賊対策などのため、日本の自衛隊が海外拠点を初めて設けた。

30 ジンバブエ〔ジンバブエ共和国〕

審判笛 ハラハラ レース

ジンバブエ　ハラレ

首都：ハラレ
世界遺産グレート・ジンバブエ遺跡がある。
※国旗には遺跡から発掘された彫像が描かれている。

31 スーダン〔スーダン共和国〕

スーッと だんだん 春告げる

スーダン　ハルツーム

首都：ハルツーム
白ナイル川と青ナイル川の合流地点に首都ハルツーム（「象の鼻」の意味）がある。

32 セーシェル 〔セーシェル共和国〕

青春の
ヴィクトリーだ

セーシェル
ヴィクトリア

首都：ヴィクトリア※
インド洋に浮かぶリゾート国家。
※首都名は、英国のヴィクトリア女王から命名。

33 赤道ギニア 〔赤道ギニア共和国〕

石器と土器には
マンボー

赤道ギニア　マラボ

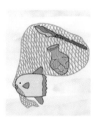

首都：マラボ
国名は「赤道近くにある黒人たちの土地」を
意味する。首都マラボはビオコ島にある。

34 セネガル 〔セネガル共和国〕

せがれが宝

セネガル　ダカール

首都：ダカール

かつてはアフリカ最大の奴隷貿易の港だった。
首都ダカールは「パリ・ダカール・ラリー」
のゴールの地。

35 ソマリア 〔ソマリア連邦共和国〕

染まりやすい
誰もがティッシュ

ソマリア　モガディシュ

首都：モガディシュ

アフリカ大陸がインド洋に突き出た所にあり、
「アフリカの角」と呼ばれる。30 年以上、内
戦状態。

36 タンザニア 〔タンザニア連合共和国〕

ターザンには
トマト

タンザニア　ドドマ

首都：ドドマ※

サファリのメッカ。ディズニー映画「ライオン・
キング」の舞台となった国。アフリカ最高峰の
キリマンジャロがある。　　※ドドマは法律上の首都。

37 チャド 〔チャド共和国〕

茶をどう？
飲んじゃだめ？

チャド　ンジャメナ

首都：ンジャメナ

国の北の部分はサハラ砂漠で、野生のラクダ
が集まるオアシスもある。国名は「チャド湖」
に由来。※国旗はルーマニアとそっくり。

38 中央アフリカ 〔中央アフリカ共和国〕

宙にあふれる
パンケーキ

中央アフリカ　バンギ

首都：バンギ
政情が不安定で、旧宗主国のフランスやアフリカ諸国の治安部隊が常駐。

39 チュニジア 〔チュニジア共和国〕

12時は
チュロス※

チュニジア　チュニス
※チュロスは棒状の揚げ菓子。

首都：チュニス
古代ローマ時代に栄えたカルタゴのあったところに位置する。

40 トーゴ 〔トーゴ共和国〕

父ちゃん
ごろ寝

トーゴ　ロメ

首都：ロメ
南北に細長い国土だが、首都は南の端、ギニア湾に面したガーナ国境という不思議な位置にある。

41 ナミビア 〔ナミビア共和国〕

波ぎわ
ウィンドサーフィン

ナミビア
ウィントフック

首都：ウィントフック
南アフリカの支配下にあったが、長期間の独立運動をへて、1990年に独立した。

42 ニジェール 〔ニジェール共和国〕

逃げる子にアメ

ニジェール　ニアメ

首都：ニアメ
サハラ砂漠縦断路の終点にあたる物資の集散地。

43 ブルキナファソ 〔ブルキナファソ〕

古着のファッション
わらじがグーッ

ブルキナファソ
ワガドゥグー

首都：ワガドゥグー
国名は、「清廉潔白な人々の国」を意味する。

44 ブルンジ〔ブルンジ共和国〕

ブルージーンズで
武術ブラボー
ふじゅつ

ブルンジ　ブジュンブラ

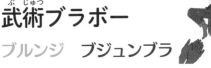

首都：ブジュンブラ

隣の国のルワンダと同じで、多数のフツ族と
となり
少数のツチ族の争いが絶えず、なかなか安定
しない。

45 ベナン〔ベナン共和国〕

べぇ～、なんで
ボルトの帽子？
ぼう し

ベナン　ポルトノボ

首都：ポルトノボ

かつてはダホメ王国と呼ばれていて、王宮は
れき し はくぶつかん　　　　　　　　おうきゅう
歴史博物館になっている。

46 ボツワナ〔ボツワナ共和国〕

ポツリと話した
はな
サボろうね

ボツワナ　ハボローネ

首都：ハボローネ

5月から9月の乾季には、5ヵ月間の降水量が
かん き　　　　　　　　　　　こうすいりょう
10mmを切ることもある。

※国旗の水色と白は青空と貴重な水と希望をあらわす。

47 マダガスカル〔マダガスカル共和国〕

まだ助かる！
たす
あんた、なぜリボン？

マダガスカル　アンタナナリボ

首都：アンタナナリボ

世界第4位の面積の島で、インド洋最大のマ
ダガスカル島が国土。ここにしか生息しない
せいそく
キツネザルと巨木バオバブの並木道が有名。
なみ き みち

48 マラウイ〔マラウイ共和国〕

マラソン ウィナー
立派にロングウェイ
りっぱ

マラウイ　リロングウェ

首都：リロングウェ

湖水の透明度が高い「マラウイ湖」は世界遺
こ すい
産で、多くの種類の魚が生息する。

※国旗に描かれた太陽は「自由のあけぼの」といわれる。

49 マリ〔マリ共和国〕

マリンバ弾く孫
ひ　　まご

マリ　バマコ

首都：バマコ

北部にサハラ砂漠が広がる内陸国。アフリカ
さ ばく　　　　　　　ないりくこく
系で最初に日本の大学のトップになった京都
せい か
精華大学のサコ学長の出身地。

50 モーリシャス〔モーリシャス共和国〕

**森でシャツ着て
ポーッとする**

モーリシャス
ポートルイス

首都：ポートルイス
サトウキビ畑の労働力としてインドから来た移民の子孫とアフリカからの奴隷の子孫が多い。

51 モーリタニア〔モーリタニア・イスラム共和国〕

**もうリタイア
泣くショット**

モーリタニア
ヌアクショット

首都：ヌアクショット
サハラ砂漠最大の都市。もともと遊牧民が多いこともあり、移住者の急増で、人口が激増。

52 リビア〔リビア〕

**リビングに鳥
ポリスを呼んで**

リビア　トリポリ

首都：トリポリ
国土の大半が砂漠で、耕地は国土の1%。カダフィの主導で、シリア、エジプト、リビアの3国でアラブ共和国連邦を結成したが失敗。

53 リベリア〔リベリア共和国〕

**リハビリは
門とロビーで**

リベリア　モンロビア

首都：モンロビア
国名は「自由の国」。アメリカの解放奴隷が建国した。税の優遇制度から船籍を置く商船が多い。

54 レソト〔レソト王国〕

レトルト 混ぜる

レソト　マセル

首都：マセル
南アフリカに囲まれた内陸国。国旗の帽子の黒は、国民のほとんどが黒人であることを示している。

NORTH & SOUTH
AMERICA

南北アメリカの国々

アラスカ（アメリカ）

4 カナダ

オタワ

1 アメリカ

ワシントンD.C.

ハワイ（アメリカ）

32 バハマ
ナッソー

ハバナ **6** ジャマイカ
15 メキシコ　　**3** キューバ　キングストン
メキシコシティ

ホンジュラス **35**　**13** ベリーズ
テグシガルパ　　　　ベルモパン

グアテマラ **5**
グアテマラシティ　　**30** ニカラグア

カラカス

エルサルバドル **19**　マナグア　　　　　　**20** ガイアナ ジョージタウン
サンサルバドル　　サンホセ　　　　　　　　　パラマリボ
コスタリカ **22** **31** パナマ　**12** ベネズエラ　　**24** スリナム
　　　　　　　パナマシティ　　　　　　　　フランス領ギアナ

ボゴタ　　**23** コロンビア

キト
18 エクアドル

34 ペルー　　　　　　　　**11** ブラジル
リマ
　　　　　　14 ボリビア　ブラジリア

8 ドミニカ共和国　　　　　　　　　　ラパス
ポルトープランス　サントドミンゴ
9 ハイチ　　　　　　　　　　　　**10** パラグアイ
　　　　　　　　バセテール　　　　　アスンシオン
　　16 アンティグア・バーブーダ
　　セントジョンズ　　　　　　　**7** チリ
セントクリストファー・ネービス **25**
　　　　28 ドミニカ国
　　　　ロゾー
　　　　27 セントルシア　　　　　**17** ウルグアイ
　　　　カストリーズ　　　　　　　　モンテビデオ
セントビンセント・グレナディーン **26**　　**33** バルバドス
キングスタウン　　　ブリッジタウン　サンティアゴ　ブエノスアイレス
　　　　　21 グレナダ
　　　　　セントジョージズ
ポート・オブ・スペイン　　　　　　　　**2** アルゼンチン
29 トリニダード・トバゴ

1 アメリカ〔アメリカ合衆国〕

雨の中
ワシが飛んでる

アメリカ

ワシントン D.C.

「自由の女神」とニューヨークの街並み

首都：ワシントン D.C.

政治、経済、軍事、学術、芸術などの分野で世界をリードする「超大国」。大谷 翔平、ダルビッシュ有選手などの活躍で、大リーグも興味深いが、バスケットボール、アメリカンフットボールも人気。銃社会で、黒人に対する差別問題など、大きな社会問題もかかえる。

2 アルゼンチン〔アルゼンチン共和国〕 首都：ブエノスアイレス

安全ピンと
笛のあいさつ

アルゼンチン
ブエノスアイレス

16世紀以降、スペインの支配を受けていたが、1816年に独立。国土の4分の1がパンパと呼ばれる大草原で農業や牧畜業がさかん。南半球に位置するこの国の牛肉は、冷凍船の発明以来、赤道を超えて世界各地へ輸出が可能となった。

3 キューバ〔キューバ共和国〕 首都：ハバナ

キュウリとバナナ
キュウバナナ

キューバ　ハバナ

西インド諸島で最大の島。15世紀末、コロンブスの第一次航海でスペインの植民地となり、その後アメリカの保護国として独立。1959年、フィデル・カストロやチェ・ゲバラが社会主義革命に成功する一方、多くの人々がアメリカに亡命。2015年、革命から半世紀ぶりにアメリカとの国交回復で合意した。

4 カナダ 〔カナダ〕

彼方（かなた）遠（とお）くに
おったわ

カナダ

オタワ

メープルシロップとサトウカエデ

首都：オタワ

世界第二位の国土面積をもち、森林資源が豊富。イギリス国王が国家元首（げんしゅ）。国旗に描かれているサトウカエデはカナダを代表する木で、樹（じゅ）液（えき）から作られるメープルシロップは、開拓（かいたく）時代、冬の間、先住民を真似て、これをすすって飢（う）えをしのいだという歴史もある。

5 グアテマラ〔グアテマラ共和国〕

首都：グアテマラシティ

グァッ グァッ
てまりして

グアテマラ　グアテマラシティ

太平洋とカリブ海に面し、国旗の青はその海をあらわす。1821年にスペインから独立。1992年、ノーベル平和賞がマヤ系先住民族の人権活動家リゴベルタ・メンチュウ・トゥムさんに授与（じゅよ）された。先住民の割合が中南米で特に多い。世界で一番美しい鳥といわれる国鳥ケツァールは手塚治虫（てづかおさむ）の「火の鳥」のモデルに。

6 ジャマイカ〔ジャマイカ〕

首都：キングストン

じゃまなイカ
キング すっとんだ

ジャマイカ　キングストン

「世界一速い男」ウサイン・ボルトを生んだ国。コロンブスにより発見されて以来、スペインの植民地（しょくみんち）だったが、1670年にイギリス領（りょう）となった。主食作物のサツマイモやキャッサバ（タピオカの原料）、ココナッツ、バナナを生産。高級コーヒー豆「ブルーマウンテン」の80%は日本に輸出されている。1962年にカリブ海英領（えいりょう）植民地の中で最初に独立。

7 チリ〔チリ共和国〕

チリも積もれば
山地となる

チリ　サンティアゴ

アンデス山脈の西側に沿った細長い国。アンデスの頂きは万年雪でおおわれ、先住民族のインディオがそれを「チレ」と呼んだのが国名の由来。1541 年、インカ帝国を滅ぼしたスペインによって支配された。スペインがナポレオンの脅威にあった1810 年に独立を試み、失敗。8 年後に独立を達成した。銅鉱の生産は世界首位となっている。

8 ドミニカ共和国〔ドミニカ共和国〕

首都：サントドミンゴ

どう？ミニカー
今日は３個どうぞ

ドミニカ共和国　サントドミンゴ

1492 年 12 月 6 日、コロンブスが 1 回目の航海で発見。船団は先住民を虐殺したり奴隷にして連れ去るなどした。このとき、疫病も蔓延した。1844 年に独立したが、国内政治は不安定のままだ。アメリカ大リーグに多くの選手を輩出する野球大国。
※近くにドミニカ国があるが、これは元イギリス領で、別の国。

9 ハイチ 〔ハイチ共和国〕

首都：ポルトープランス

はい、チーズ
ポーズをとるとフラダンス

ハイチ　ポルトープランス

カリブ海に浮かぶ国。フランスの植民地だったが、ナポレオン全盛期の1804年にフランスがヨーロッパ各地へ転戦していた隙（すき）をついて独立。世界最初の黒人独立国となった。2010年の大地震（じしん）で30万人以上が亡くなった。

10 パラグアイ 〔パラグアイ共和国〕

首都：アスンシオン

パラグライダー
明日（あす）にしよう

パラグアイ　アスンシオン

南米のほぼ中央に位置する内陸国。国民の4割が貧困層（ひんこんそう）と言われ、近隣の国々に出稼（でかせ）ぎに行く人も多い。日本との関わりも深く、日系人約1万人が住んでおり、1976年以来、日本が最大の援助国（えんじょこく）（2004年は例外）。日本との移住協定により、8万5,000人までの日本人移住者を受け入れ可能とした。食肉などの農牧業がさかん。東日本大震災（しんさい）の際には100万個の豆腐（とうふ）を寄贈（きぞう）した。

11 ブラジル〔ブラジル連邦共和国〕

ぶらぶらブラジル
ブラジリア

ブラジル

ブラジリア

コルコバードのキリスト像

首都：ブラジリア

約2億1400万の人口は南米最大で、パキスタンに次ぎ世界第6位。面積は世界第5位。アマゾン川が豊かなジャングルをはぐくんでいる。豊富な天然資源と食料の輸出で、発展を遂げている。派手な衣装を着け、サンバのリズムでリオデジャネイロの市街地をパレードする「リオのカーニバル」は、世界から見物客が訪れ、熱気に包まれる。サッカーの強国としても知られている。

12 ベネズエラ〔ベネズエラ・ボリバル共和国〕　　　首都：カラカス

ベッドに寝ずにえらい
乾かす

ベネズエラ　カラカス

世界有数の石油産出国で、原油埋蔵量は世界一といわれているが、原油価格の急落や大統領の独裁などの影響により経済が悪化。多くの国民が貧困にあえいでいる。国名は、先住民の水上村落を「水の都」ベネツィアに見立てて付けられた。

13 ベリーズ〔ベリーズ〕　　　首都：ベルモパン

ペリー滑るもパン食べる

ベリーズ　ベルモパン

中南米で珍しい元イギリス領の国。中央アメリカで公用語が英語なのはこの国だけ。マヤ文明のカラコル遺跡は規模が大きく、今後、大きな観光地になってゆくと思われる。世界の国旗で人間が登場する国旗は、ベリーズ、ブルネイ、マルタの３つだけ。

14 ボリビア 〔ボリビア多民族国〕

首都：ラパス※

ボリューム上げます
ラッパです

ボリビア　ラパス

6,000 メートル級の山々が連なり、首都ラパスは富士山とほぼ同じ高さのところにある。「黄金の玉座に座る乞食」と陰口を言われるように、豊かな天然資源がありながら、国民の多くは貧しい生活を続けている。
※憲法上の首都はスクレだが、政府の主要機関はラパスにある。

15 メキシコ 〔メキシコ合衆国〕

首都：メキシコシティ

めきめきメキシコ
メキシコシティ

メキシコ　メキシコシティ

国土の大半が高原と山地。首都メキシコシティは 2,309 m にある。公用語はスペイン語だが、68 もの先住民の言語が連邦政府に承認されている。自動車関連工場など 200 社以上の日系企業が進出。徳川家康がメキシコの難破船の一行を帆船で送り帰したことが交流の始まり。1888 年、メキシコとの間で締結した修好通商条約は日本にとって初めての平等な立場での条約。

16 アンティグア・バーブーダ
〔アンティグア・バーブーダ〕

兄ちゃん バーブー
洗濯上手

アンティグア・バーブーダ

セントジョンズ

首都：セントジョンズ

3つの島からなる小さな島国。カリブ海のリゾート地として開発が進んでいる。アフリカ出身の奴隷の子孫が国民の大半。

17 ウルグアイ 〔ウルグアイ東方共和国〕

売れ具合どう?
モンキービデオ

ウルグアイ

モンテビデオ

首都：モンテビデオ

対立するブラジルとアルゼンチン間の緩衝国として独立。
※国旗の「五月の太陽」は独立を支援したアルゼンチンとの連帯の象徴。

18 エクアドル 〔エクアドル共和国〕

エクレア取る?
きっとおいしいよ

エクアドル　キト

首都：キト

国名は「赤道の国」という意味。ダーウィンの進化論は、この国のガラパゴス諸島の動植物からヒントを得た。

19 エルサルバドル 〔エルサルバドル共和国〕

Lサイズのハードルで
三猿バトル

エルサルバドル

サンサルバドル

首都：サンサルバドル

中央アメリカ7カ国で唯一カリブ海に面していない国。首都名は「聖なる救世主」という意味。

20 ガイアナ 〔ガイアナ共和国〕

貝殻　将棋倒し

ガイアナ

ジョージタウン

首都：ジョージタウン

国名は豊かな水という意味。熱帯雨林が広がっている。南アメリカでは唯一、英語を公用語としている。

21 グレナダ 〔グレナダ〕

グレーだな
先頭のジーンズは

グレナダ

セントジョージズ

首都：セントジョージズ

グレナダ島は「香辛料の島」とも呼ばれ、ナツメグやシナモンなどの栽培がさかん。イギリス風な街並みが人気。

22 コスタリカ 〔コスタリカ共和国〕

こすったヤリイカ
さぁ、干せ！

コスタリカ　サンホセ

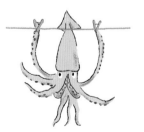

首都：サンホセ

国名はスペイン人が発見したときの印象「豊かな海岸」から来ている。

23 コロンビア 〔コロンビア共和国〕

転びやすい
ボコボコ道だ

コロンビア

ボゴタ

首都：ボゴタ

黄金を求めてスペイン人が押し寄せたが、「南米独立の英雄」シモン・ボリバルらの努力で独立。

24 スリナム〔スリナム共和国〕

スリムな腹が
マリ、ボールに

スリナム　パラマリボ

首都：パラマリボ

人口、面積とも南米最小の国だが、世界で最大級のダム湖がある。南北アメリカの独立国で唯一オランダ語が公用語。

25 セントクリストファー・ネービス
〔セントクリストファー・ネービス〕

千円と薬と ふぁ〜眠いです
「忘れてる！」

セントクリストファー・ネービス

バセテール

首都：バセテール

国名は、発見したクリストファー・コロンブスの名前と、コロンブスが山頂の雲を雪（ネービス）と勘違いして付けられた。

26 セントビンセント・グレナディーン
〔セントビンセント及びグレナディーン諸島〕

扇子と便箋くれない
キングがダウンした

セントビンセント・グレナディーン

キングスタウン

首都：キングスタウン

国名は、コロンブスが「発見」した日が聖ビンセントの祝日だったことから付いた。火山島やサンゴ礁の島々でなる国。

27 セントルシア〔セントルシア〕

千ドルした
カステラです

セントルシア

カストリーズ

首都：カストリーズ

国名は、コロンブスが「発見」した日が聖ルチア（イタリア語ならサンタルチア）の祝日だったことから付いた。

28 ドミニカ国 〔ドミニカ国〕

どう？ ミニカー ゾロゾロぞー

ドミニカ国

ロゾー

首都：ロゾー

豊かな自然（火山、温泉、湖、熱帯雨林）を生かし、近年は
リゾート施設の開発を進めている。

29 トリニダード・トバゴ 〔トリニダード・トバゴ共和国〕

鳥に段ボール箱 ほっとくと酸っぱい

トリニダード・トバゴ

ポート・オブ・スペイン

首都：ポート・オブ・スペイン

石油と天然ガスの資源をもち、早くから
石油採掘を行ってきた。

30 ニカラグア 〔ニカラグア共和国〕

2階から またぐな

ニカラグア

マナグア

首都：マナグア

国名は「ホウセンカ」の意味をもつ。1972年に大震災があり、
それを契機に内戦が起こった。その後も経済は低迷。

31 パナマ 〔パナマ共和国〕

パン生？ パン生にして！

パナマ

パナマシティ

Fuwafuwa NamaPan

首都：パナマシティ

太平洋とカリブ海を結ぶパナマ運河はアメリカの管理下に置
かれていたが、1999年にパナマに返還された。

32 バハマ 〔バハマ国〕

バナナ 納豆

バハマ

ナッソー

首都：ナッソー

約700の島と珊瑚礁からなる国。コロンブスが最初に上陸した地。アフリカにルーツをもつ国民が多い。

33 バルバドス 〔バルバドス〕

バルーン飛ばす
無事 売れた

バルバドス

ブリッジタウン

首都：ブリッジタウン

東カリブ海の島国で、首都は港湾都市となっている。教育も普及し、カリブ海諸国では最も経済的に豊かな国。

34 ペルー 〔ペルー共和国〕

ベル
鳴りました？

ペルー　リマ

首都：リマ

明治時代、日本が初めて南北アメリカに移民したのがペルー。マチュピチュ遺跡やナスカの地上絵は世界遺産となっている。

35 ホンジュラス 〔ホンジュラス共和国〕

本日 ラストは
手ぐしで頑張る

ホンジュラス

テグシガルパ

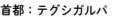

首都：テグシガルパ

サッカーがきっかけでエルサルバドルと戦争になったことがある。アメリカ資本のバナナ産業が大きな力をもつ。

OCEANIA

オセアニアの国々

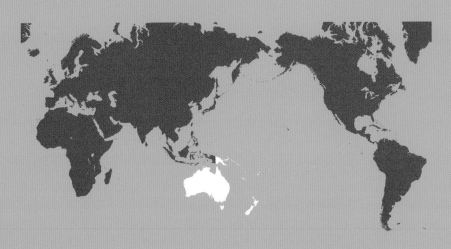

16 ミクロネシア　マジュロ　15 マーシャル諸島
パリキール

マルキョク　4 パラオ

ヤレン
10 ナウル

タラワ　2 キリバス

13 パプアニューギニア

7 ソロモン諸島

フナフティ
8 ツバル

ポートモレスビー　ホニアラ

6 サモア
アピア

12 バヌアツ　14 フィジー

ポートビラ　スバ　11 ニウエ
アロフィ

ヌクアロファ　5 クック諸島

9 トンガ　アバルア

1 オーストラリア

キャンベラ

ウェリントン

3 ニュージーランド

85

1 オーストラリア 〔オーストラリア連邦〕

首都：キャンベラ※

押すとラッキー キャンディー

オーストラリア　キャンベラ

18世紀後半にJ.クックが領有を宣言し、イギリス人の入植が始まった。先住民のアボリジニから収奪したが、現在ではアボリジニの権利は守られている。19世紀の初めには羊を改良し、牧羊を発展。豊かな鉱山資源を背景に、経済力を高めている。
※首都をめぐってシドニーとメルボルンが争い、その中間地点のキャンベラになった。

2 キリバス 〔キリバス共和国〕

首都：タラワ

キリン バスで笑ったら

キリバス　タラワ

日付変更線に最も近い国で、世界でいちばん早く太陽が昇る。人口は12万人ほどだが、日本の面積の10倍の広さに33の島が東西に散らばった島国。地球温暖化による水位が上昇すれば水没するとの危機感がある。フィジーの大統領が、水没したら全国民を受け入れると表明した。

3 ニュージーランド 〔ニュージーランド〕 　　首都：ウェリントン

乳児らと
ウェットティッシュと

ニュージーランド
ウェリントン

北島と南島のほか、多数の島からなる。1893年に、世界で最初に女性の選挙権が認められた国。公用語が英語、マオリ語、手話という珍しい決め方をしている。先住民族のマオリ族とイギリス系の国民との協力関係がすばらしい形で進んでいる。

---

4 パラオ 〔パラオ共和国〕 　　首都：マルキョク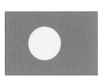

腹を まるくかく

パラオ　マルキョク

国名はマレー語で島を意味する。200あまりの島から構成され、面積は鹿児島の屋久島と同じくらいで、人口は1万8,000人くらい。かつて国際連盟から委任され日本が管理していた。「先生」「電話」「政治」「大丈夫」「ケチ」などの日本語が残っている。

5 クック諸島 〔クック諸島〕

クックと笑うな
暴れるな

クック諸島

アバルア

首都：アバルア

ニュージーランドと自由連合を結び、国民はニュージーランドのパスポートや市民権をもっている。

6 サモア 〔サモア独立国〕

寒い朝も
ああピアノ

サモア

アピア

首都：アピア

1962年にオセアニアの島々の中で西サモアとして最初に独立した。1997年に今の国名に変更。

7 ソロモン諸島 〔ソロモン諸島〕

そろそろ門限どうしよう
帆に嵐

ソロモン諸島

ホニアラ

首都：ホニアラ

大小100以上の島からなる。首都は太平洋戦争の転機となったガダルカナル島にある。

8 ツバル 〔ツバル〕

ツバメ
フナ捨てた

ツバル

フナフティ

首都：フナフティ

9つの環礁からなり、最高高度5.6mの低くて平らな島国。地球温暖化による海面上昇で国土が水没する危機を抱える。

9 トンガ〔トンガ王国〕

とんがらし
抜^ぬくアルバイト

トンガ
ヌクアロファ

首都^{しゅと}：ヌクアロファ

人口10万人あまりの国民の大半がキリスト教（プロテスタント）の国。2022年に海底火山の大規模な噴火^{ふんか}に見舞^{みま}われた。

10 ナウル〔ナウル共和国〕

ナムル[※]　やれん！

ナウル　ヤレン

※ナムルは韓国^{かんこく}の家庭料理。

首都：ヤレン

日本の品川区ほどの面積しかない、世界で3番目に小さな国。かつては日本軍が太平洋上、最も奥まで進出した島。

11 ニウエ〔ニウエ〕

兄上^{あに うえ}アロハ

ニウエ
アロフィ

首都：アロフィ

人口が2000人に満たない最小の立憲君主国^{りっけん}。外交、防衛はニュージーランドが法的責任をもつ自由連合の関係にある。

12 バヌアツ〔バヌアツ共和国〕

歯抜^{は ぬ}けのあいつは
ポーッとビラまく

バヌアツ　ポートビラ

首都：ポートビラ

大小80の島からなる国。国名は「我々^{われわれ}の土地」「独立した土地」を意味する。

13 パプアニューギニア 〔パプアニューギニア独立国〕

パパは牛乳屋
ポット漏れすぎー

パプアニューギニア

ポートモレスビー

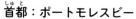

首都：ポートモレスビー

島面積が世界第2位のニューギニア島の東半分と周辺の600ほどの島々からなる。

14 フィジー 〔フィジー共和国〕

藤が すばらしい

フィジー

スバ

首都：スバ

イギリスの植民地時代にサトウキビ栽培のためインド人労働者を移住させたため、人口の4割がインドにルーツ。

15 マーシャル諸島 〔マーシャル諸島共和国〕

まぜるでしょ？
まぜろ

マーシャル諸島

マジュロ

首都：マジュロ

第二次大戦前は日本の委任統治領として近代化が進んだ。戦後、国の中央にあるビキニ環礁はアメリカの核実験の場となった。

16 ミクロネシア 〔ミクロネシア連邦〕

ミクロの視野で、
はりきーる！

ミクロネシア

パリキール

首都：パリキール

ここも、かつては日本の委任統治領だった。広大な海域に600以上の島がある。

まずは口に出してみよう

落語家　三遊亭金八

　「寿限無」って落語があるよね。長ーい長ーい名前を子供につけて「寿限無、じゅげむ、五劫のすりきれ……」ってくり返す有名な落語です。

　これは読んでも面白いんですが、口に出して言うと本当の面白さがわかります。名前なんだから「寿限無くん」でも「寿っちゃん」でも良いはずなのに、お父さんお母さんに友だちが何べんも「寿限無、じゅげむ、五劫の…」とくり返す。そこに「芸の嘘」があり、生まれてすぐに消えていく言葉というものの特徴があります。

　そう！　言葉で遊ぶときには「口に出して言う」。相手がいて、その人に話してこそ成立するものです。

　「しりとり」や「マジカルバナナ」、みんなそうだね。言葉のキャッチボールでゲームをする「言葉遊び」です。

　落語家さんが落語をおぼえるときは、口に出してブツブツブツブツ何べんもくり返しておぼえます。書いたものを見ているだけじゃダメ。口に出してしゃべってみないと絶対におぼえられません。

　この本に書いてある「首都と国名」のダジャレも誰かにしゃべってみよう！

　できれば工夫してうまくしゃべって、友達を笑わせよう。

　なんなら新しく作っちゃったっていいんだ。

　もし、そんなことが一つでもできたら、そのことは絶対に忘れないはず。「身についた」ってことなんだ。

　みんながこの本を読んで「首都や国名」に興味をもって、一つでも「身についた」ならこんなうれしいことはありません。

索引

あとがき

　私がクリスマスにプレゼントした「しゃべる地球儀」─ 付属のペンで地図をタッチすると国名、首都名、その国の言葉で、「こんにちは」などとしゃべる地球儀─に孫たちは大喜びでした。毎日地球儀を回しつづけて、世界の国々の名前をおぼえていきました。

　子供の教育は、興味をもった時が教え時です。世界の国名と首都名を楽しくおぼえる方法はないものか？ そこで考えついたのが、息子の英城が大好きなダジャレでした。

　「スイスイすべるん、スイス ベルン」「どいつもこいつもベルリンリン、ドイツ ベルリン」など、家族みなでダジャレを考えました。そして、娘の直美が描いたダジャレに合わせたイラストも付けてみました。すると孫たちはさらに熱中して、どんどんおぼえていきました。これならいけそうと、世界中の国について作ったところ、まだ幼稚園児の孫たちが、200近くの国名と首都名をたった2〜3カ月で全部おぼえてしまったのです。友達や知り合い、親戚に紹介したところ大笑いで、大人でも面白いと大好評でした。

　こうした遊びのような感覚でおぼえた知識は不思議と定着がよく、大人になった今でもおぼえていることがありますね。例えば「鳴くよウグイス平安京」（794年平安遷都）など七五調のリズムに乗って語呂合わせでおぼえた年号や、替え歌でおぼえた文法の知識など、みなさんも身におぼえがあることと思います。それが我が家の場合はダジャレという日本語の言葉遊びの中にありました。息子のダジャレ好きから始まって、みんなで考えたダジャレのリズムに乗って国名や首都をおぼえていく。さらに娘のイラストが加わることで、視覚的にも印象に残ることとなり、孫たちも夢中になって遊びながらおぼえてしまったのだと思います。いつの時代も、子供はダジャレが大好きなようです。

　このたび、「しゃべる地球儀」の第一号を監修された吹浦忠正先生（世界の国旗・国歌研究協会共同代表）に監修をお願いし、グッドブックス編集部の良本和恵さんのご協力により、出版の運びとなったことは感謝に耐えません。私どもの家族だけでなく、多くの方々に、楽しいダジャレによって世界の国々に興味をもっていただけたら幸いです。

　なお、もっとおぼえやすく楽しいダジャレを考案された方は編集部へご連絡ください。改訂の際に採用を検討させていただきます。

　　2023年8月

　　　　　　　　　　　　　　　　　　　　　　　　　　　　　　辰巳順子

プロフィール

〈監修・解説〉 **吹浦忠正** （ふきうら・ただまさ）

早稲田大学大学院政治学科修了。元埼玉県立大学教授。1964年の東京大会以来、札幌、長野、2021年の東京オリンピックの組織委で国旗を担当。NPO法人世界の国旗・国歌研究協会共同代表。小6道徳教科書（日文）で7年間取り上げられる。2019年のＮＨＫ大河ドラマ「いだてん」と2021年の同「青天を衝け」で国旗考証を担当。週刊新潮カラーグラビアで連載中。領土問題の専門家だが、国旗関連の著作は60点に及ぶ。

〈企画〉 **辰巳順子** （たつみ・じゅんこ）

青山学院大学英米文学科卒業後、ソニー（株）に入社。外国部中近東アフリカ科に勤務の後、英語科教員として、1979年より跡見学園中高校、83年より東京女子学園中高校に勤務。教頭、校長補佐を経て2019年に定年退職。在職中は「楽しくなくちゃ英語じゃない！」をモットーに、活動的な英語授業を確立。著書に『英会話月別1分間メニュー＆生徒熱中ゲーム33』、『英語表現集アクティブカード①世界の国かるた』など多数。「ダジャレで首都カルタ」のアプリを作成。2019年にGakken「えいごかるた」を監修。

〈作・絵〉 **西山直美** （にしやま・なおみ）

跡見学園短期大学生活芸術科、日本デザイナー学院卒業。ソニーPCL（株）にてDVDメニューデザイン担当。パレットクラブ、MJイラストレーションズで、イラストを学ぶ。「ダジャレで首都カルタ」のアプリを作成。2016年に、現代用語検定協会 自己表現力コンクール第16回 現代用語検定協会賞特別賞受賞。2017年には同コンクールのアンデパンダンの部入選。

シューッとおぼえる　こくめいにおぼえる
世界の首都・国名えじてん 199ヵ国

2023年10月23日　初版発行

監修・解説　吹浦忠正
企画　辰巳順子
作・絵　西山直美

装丁・本文デザイン　長坂勇司 (nagasaka design)
DTP・国旗・地図製作　原沢もも
編集　良本和惠

発行人　良本光明
発行所　株式会社グッドブックス
〒103 − 0023　東京都中央区日本橋本町 2 − 3 − 6　協同ビル 602
電話 03 − 6262 − 5422　FAX03 − 6262 − 5423
https://good-books.co.jp

印刷・製本　シナノ印刷株式会社

協力
三遊亭金八
ファースト・パシフィック・キャピタルグループ
高橋公三子
辰巳英城